한 권의 만화로 보는 생생한 기독교 진리 이야기

만화로 보는 기독교

원작 라원기 | 글·그림 크레마인드

생명의말씀사

※ 이 책에 인용된 내용을 자세히 알기 원하면 『기독교를 알아야 인생의 답이 보인다』(예영커뮤니케이션)의 미주를 참고하시기 바랍니다.
※ 본문의 성경 구절은 개역개정판을 따랐습니다.

만화로 보는
기독교

ⓒ 생명의말씀사 2011

2011년 2월 15일 1판 1쇄 발행
2024년 1월 16일 13쇄 발행

펴낸이 | 김창영
펴낸곳 | 생명의말씀사

등록 | 1962. 1. 10. No.300-1962-1
주소 | 서울시 종로구 경희궁1길 6 (03176)
전화 | 02)738-6555(본사)·02)3159-7979(영업)
팩스 | 02)739-3824(본사)·080-022-8585(영업)

지은이 | 라원기, 크레마인드(그림 김태호, 글 김덕래)

기획편집 | 전보아
디자인 | 박인선, 맹영미
인쇄 | 영진문원
제본 | 보경문화사

ISBN 978-89-04-05036-9 (03230)

저작권자의 허락 없이 이 책의 일부 또는 전체를
무단 복제, 전재, 발췌하면 저작권법에 의해 처벌을 받습니다.

한 권의 만화로 보는 생생한 기독교 진리 이야기

만화로 보는
기독교

들어가는 말

기독교를 알아야 인생의 답이 보인다

미국 출판업계의 대부라 불리는 윌리엄 랜돌프 허스트라는 사람이 있었어. 그는 고미술 수집가였지. 한번은 아주 특별한 작품 하나를 찾으려고 여러 에이전트를 동원해서 오랫동안 유럽의 모든 나라들을 탐색하게 했어.

그러던 어느 날, 드디어 그 작품을 찾았다는 보고를 받았어. 그런데 알고 보니 그렇게 찾아다닌 그 작품이 글쎄 자기 창고에 있었던 거야.

오늘날 많은 사람들이 인생의 해답이
어디 있는지 알려고 아등바등하지.
그래서 각종 세미나에도 참석하고,
다양한 사람들을 만나 자문도 구해 보고,
또 책을 읽기도 해.

하지만 하나님은 이 모든 인생의
해답을 이미 성경을 통해 주셨어.
바로 예수 그리스도의 복음 안에
인생의 모든 문제에 대한
해답이 들어가 있는 거지.

그런데 안타깝게도 대부분의 사람들은
기독교의 진리에 대해 제대로 몰라.
이건 기독교인들도 마찬가지야.
성경이 말하는 복음이 무엇인지,
기독교의 핵심 진리가 무엇인지
정확하게 알고 있는 사람이 드물어.

왜 그럴까?
거기에는 나름대로의 이유가 있겠지만,
기독교의 진리를 제대로 이해하기 위해서는
영적인 깨달음을 필요로 한다는 데
진정한 이유가 있을거야.

그래서 레슬리 뉴비긴은 기독교의 진리를
'열린 비밀'(open secret)이라고 표현했어.
복음이 이미 모든 사람에게 공개적으로
선포되었다는 의미에서는
'열려 있는 것'(open)이지만, 오로지
믿음의 눈을 가진 사람에게만 깨달아진다는
의미에서는 '비밀'(secret)이라는 거지.

기독교의 진리는
하나님의 은혜로 깨달아져야만 해.
그런데 그런 깨달음을 위해서는
먼저 기독교의 진리에 대한
지적인 이해가 필요하단다.
그래서 내가 이 책을 쓰게 된 거야.

나도 한때는 불신자였어.
그러다가 마침내 복음을 받아들이고
수십 년간 신앙생활을 하면서
'기독교의 복음을 제대로 설명할 수는 없을까?'
하고 치열하게 고민해 왔지.
이 책은 그렇게 고민해 온
나의 지적 탐구의 결실이야.

이미 오랫동안 신앙생활을 해온 사람들은
이 책을 통해 기독교 신앙이
얼마나 놀라운 '진짜 진리'인가 하는 것을
확인하는 기회가 되길 바라고,
믿음이 약하거나 없는 사람들은
예수 그리스도를 인생의 주인으로 선택하는
'가장 위대한 선택'을 하게 되기를 간절히 소망해.

자, 그럼 이제 기독교의 진리를 체험하러
함께 여행을 떠나 볼까?

출~발!

CONTENTS

들어가는 말 기독교를 알아야 인생의 답이 보인다 4

Part 1:: **사람에게 과연 종교가 필요할까?** | 11

Part 2:: **성경은 과연 하나님의 책일까?** | 41

Part 3:: **인간은 스스로를 구원할 수 있을까?** | 67

Part 4:: **지옥은 정말 있을까?** | 91

Part 5:: **천국은 정말 있을까?** | 115

Part 6:: **예수 그리스도는 진정 구세주일까?** | 137

Part 7:: **예수 그리스도의 부활은 사실일까?** | 167

Part 8:: **예수 그리스도는 유일한 구원자일까?** | 187

맺는 말 머리에서 가슴으로 211

::Part 1::

사람에게 과연 종교가 필요할까?

하나님 없는 세상은 탈출구 없는 미로이다.

윌슨

세상에는 참 다양한 종교가 있어. 수많은 종교들이 있다 보니 간혹 이런 의문이 들기도 하지. "과연 인간에게는 종교가 필요한 것일까?"

자, 지금부터 나와 함께 한번 알아보자고.

이 세상에 종교 없이 행복하게 사는 사람들이 수없이 많은 것 같은데

왜 번거롭게 종교를 가지려고 애쓰는 사람들이 있는 걸까?

휴일에 예배당이나 가다니 궁상맞기는… 쯧쯧.

그건 인간에게는 절대적으로 종교가 필요해서야.

인간은 영적인 존재이기 때문에 그저 잘 먹고 잘사는 것만으로는 만족할 수가 없지.

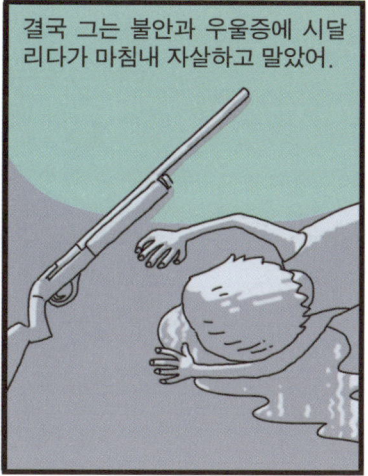

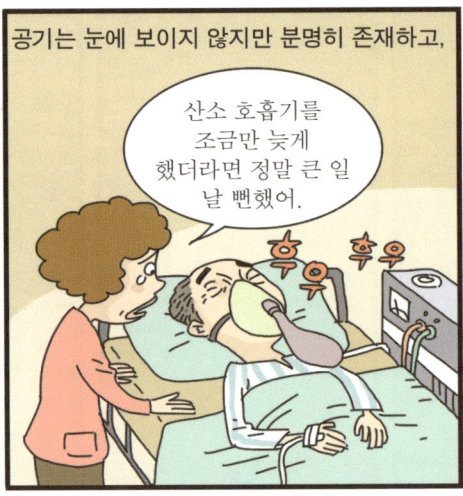

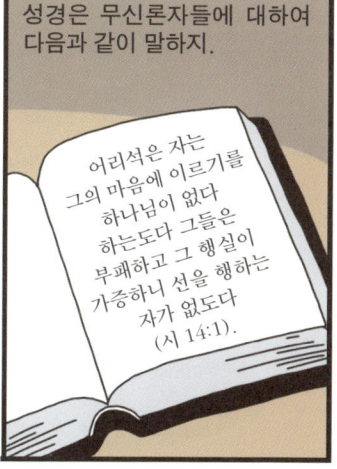

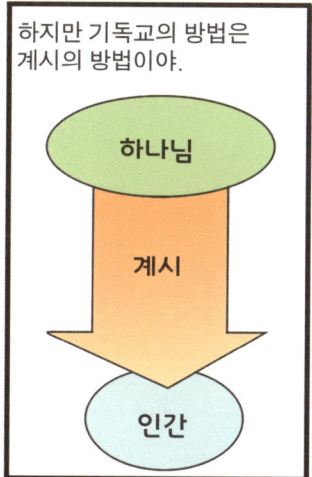

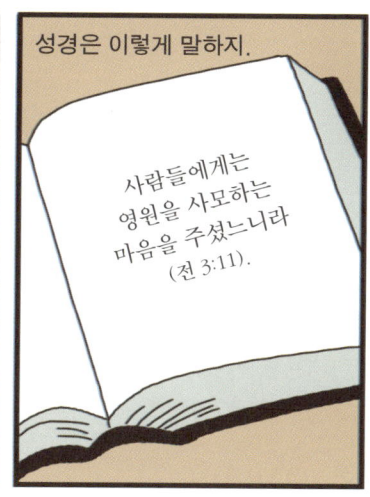

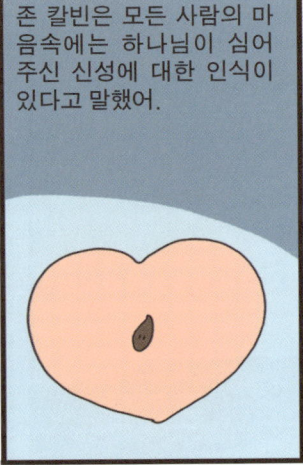

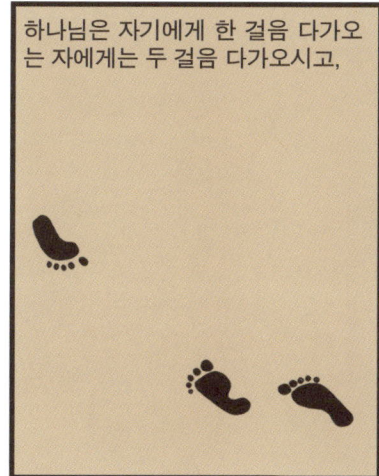

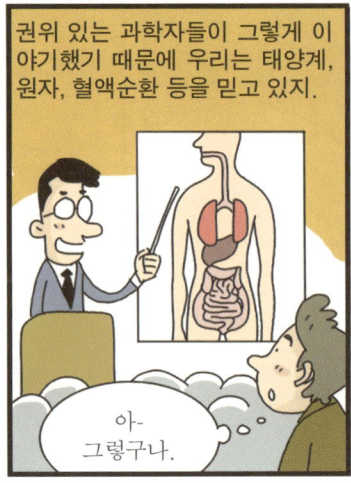

무신론자가 한 전도

미국 최초의 선교사 아도니람 저드슨은 버마(현재는 미얀마) 선교의 선구자로서 일생을 바쳐 수많은 버마 사람을 주님께로 인도한 사람이지. 그런데 놀라운 사실은 그도 한때는 무신론자였다는 거야.

그는 1788년 목사의 아들로 태어나서 16세에 브라운 대학에 입학하여 4년 과정을 3년 만에 수석으로 졸업했어. 하지만 대학에서 만난 무신론자 친구인 제이콥 임스의 영향으로 신앙을 잃어버리고 방황의 세월을 보냈지.

결국 아버지와 어머니의 간절한 만류에도 저드슨은 하나님을 떠나 유랑 극단에 들어가 방랑자처럼 생활했어. 그런데 어느 날, 저드슨은 뭔가 마음에 다가오는 괴로움을 견디지 못해 유랑 극단을 벗어나 먼 여행을 하게 됐어.

여행 중에 그는 한 시골 여인숙에 머물렀어. 그런데 옆 방에서 들리는 죽어가는 것 같은 한 남자의 신음소리 때문에 도통 잠을 이룰 수가 없었어. 그 끔찍한 신음소리를 들으면서 그는 문득 생각했지. '만일 성경이 옳다면 저 죽어가는 남자가 천국이나 지옥으로 가게 될 텐데 그는 과연 어디로 가게 될까?'

이러한 생각은 죽음 이후의 세계에 대해서 지금껏 그가 가져왔던 철학과는 반대였어. 저드슨은 죽음 이후에 뭔가 있을 거라는 생각을 하고 있는 자신을 발견하고는 자기가 그런 생각을 했다는 사실을 제이콥이 알게 된다면 그가 자신을 얼마나 우습게 여길까 하는 생각이 들었어.

다음 날 아침, 저드슨이 여관 주인을 통해 죽은 사람이 누군지 알게 됐을 때 그는 일생일대의 큰 충격을 받았어. 지난 밤에 그렇게 고통스럽게 죽어간 사람은 다름 아닌 바로 저드슨의 믿음을 송두리째 앗아가 버렸던 무신론자 친구 제이콥 임스였던 거야.

너무나 큰 충격을 받은 저드슨은 친구의 논리가 잘못되었음을 깨닫고 자신의 삶의 방향을 바꾸기로 결심했어. 그는 여행을 중단하고 집으로 돌아와 앤도버 신학대학교에 입학했어. 그리고 예수 그리스도를 믿는 믿음을 얻게 되었고, 남은 인생을 주님을 위해 바치기로 결심했지.

결국 저드슨은 버마 선교사로 헌신하여
세계에서 제일 배우기 어렵다는
버마어를 정복했어.
그리고 버마 사전을 만들어
신약성경과 구약성경 전체를
버마어로 번역했지.

그는 평생 동안 7천 명이 넘는
버마 사람들을 주님께로 인도했어.
단 한 명의 그리스도인도 없던
버마 지역이 이제는 150만 명이 넘는
성도들이 있는 곳으로 변화되었지.
정말 놀랍지 않아?

그의 신앙을 빼앗아 갔던 무신론자 친구가
그로 하여금 하나님께 돌아오는 도구로
쓰임 받았다는 사실은
참으로 놀라운 하나님의 섭리야.

::Part 2::

성경은 과연 하나님의 책일까?

하나님의 살아 있는 말씀만이 죽어가는
이 세상의 유일한 희망이다.

저자 미상

성경은 처음부터 끝까지 일관된 이야기를 하고 있어.
"성경에 제일 처음에 나오는 창세기에는 인간 역사의 기원이 나오지."

요한계시록에는 인간의 모든 역사가 예수 그리스도 안에서 어떻게 그 장엄한 대단원의 막을 내리는지 보여 줘.
THE END.

창세기의 에덴 동산에는 4개의 강과 생명나무가 나오고, 요한계시록에는 다시 생명수 강물과 만국을 소생케 하는 생명나무의 이야기가 나오지.

이 같은 성경의 통일성에 대해 스티브 쿠마 교수는 다음과 같은 말을 했어.
"성경은 1,500년 간 40여 명 이상의 다양한 사람들에 의해서 기록되었는데 정치 지도자였던 모세, 목동이었던 아모스, 왕이었던 솔로몬, 내과 의사였던 누가, 세관원이었던 마태, 그리고 어부였던 베드로, 학자였던 바울 등이 그 저자입니다."

"성경은 아시아, 아프리카, 유럽 3개의 대륙에서 기록되었고 히브리어, 아람어, 그리스어 3개의 언어로 기록되었습니다."

그리고 성경은 다른 여러 장소에서 기록되었습니다.

Part 2 성경은 과연 하나님의 책일까? 47

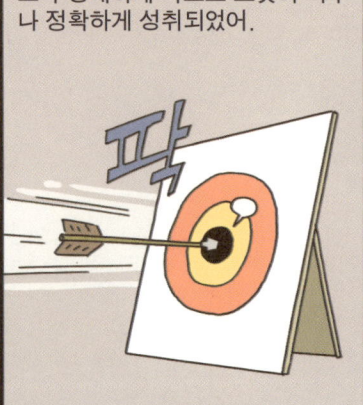

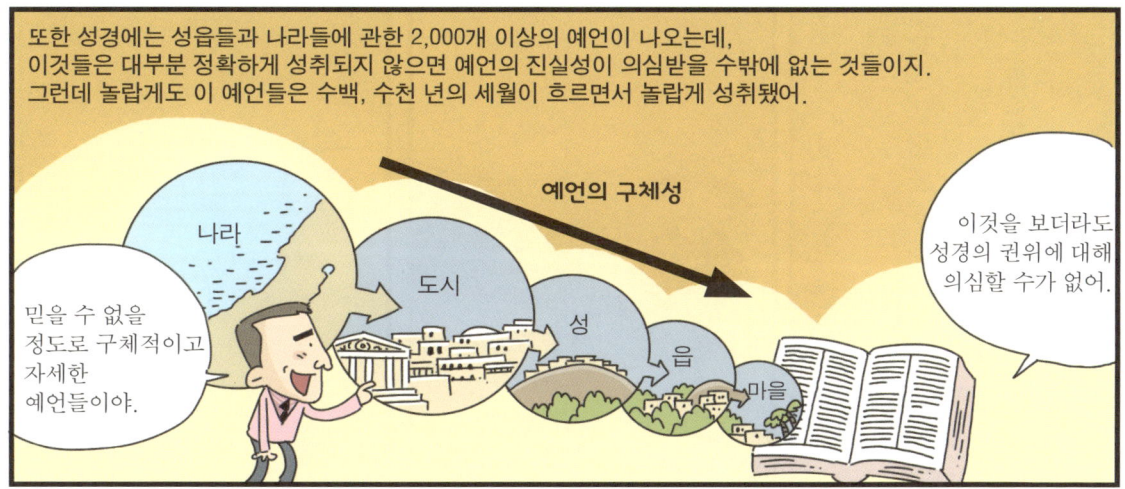

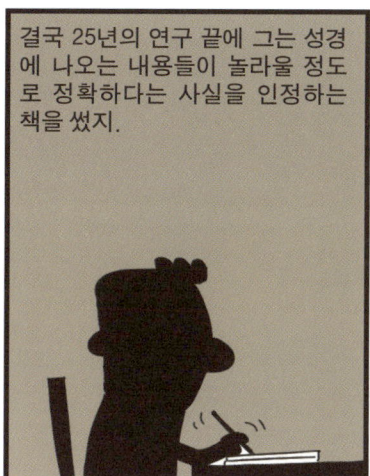

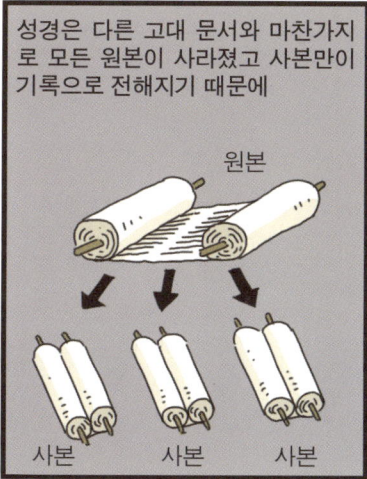

일단 성경 사본은 다른 어떤 사본들보다 개수 면에서 월등해.
플라톤이나 아리스토텔레스의 저작은 10개가 안 되는데 비해서 신약성경은 5,000개가 넘어.
신약 다음으로 많다고 하는 호메로스의 『일리아드』도 사본이 약 650개에 못 미치지.

그렇게나 많아?!

베껴 쓰는 것도 쉽지 않지.

5,000 신약성경
일리아드 650

5,300 COPY
신약성경 헬라어 사본

지금까지 전해진 사본들만으로도 내용이 거의 훼손되지 않고 전해졌다는 증거야.

신약의 헬라어 사본은 5,300개나 되고
사본 간의 불일치는 무시해도 좋을 만큼 미미해.

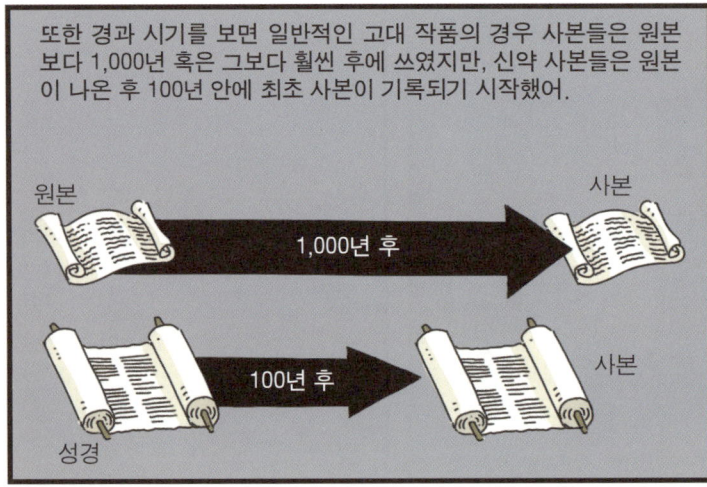

또한 경과 시기를 보면 일반적인 고대 작품의 경우 사본들은 원본보다 1,000년 혹은 그보다 훨씬 후에 쓰였지만, 신약 사본들은 원본이 나온 후 100년 안에 최초 사본이 기록되기 시작했어.

원본 → 1,000년 후 → 사본
성경 → 100년 후 → 사본

그래서 지금까지 우리 손에 전해진 성경을 원본 그대로 전해진 성경으로 받아들일 수 있지.

성경의 사본은 원본과 내용이 정확히 일치해.

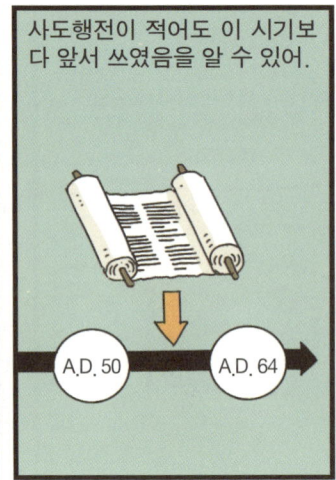
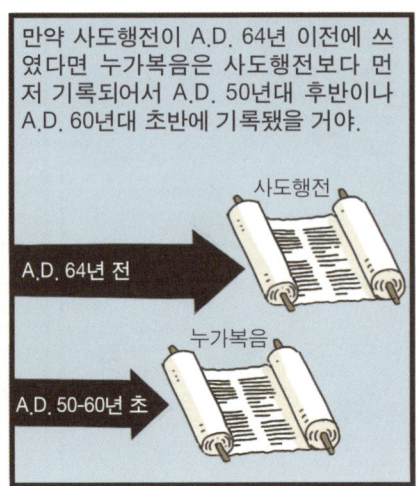
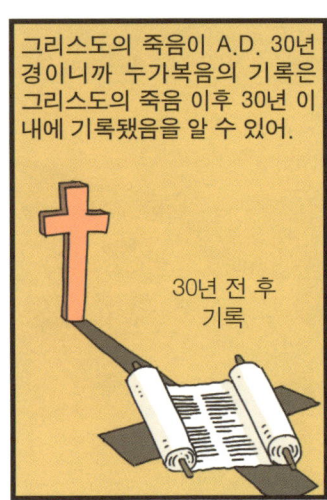

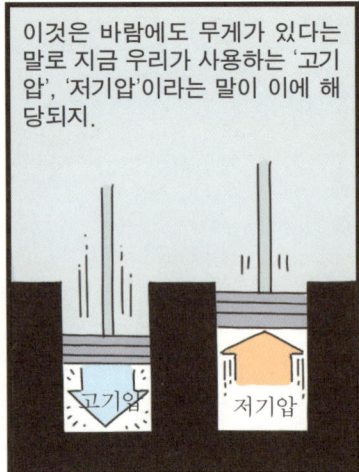

유대인의 저력

유대인의 인구는 약 1,450만 명으로 전 세계 인구 가운데 0.25%에 불과해. 2002년을 기준으로 보면 역대 노벨상 수상자 270명 중 유대인이 122명이야.

뿐만 아니라 유대인들 가운데는 여러 분야에 큰 업적을 남긴 사람들이 허다하지. 미국에는 약 700만 명 정도의 유대인이 살고 있는데 이는 미국 인구의 2.5%밖에 되지 않는 숫자야.

그러나 현재 미국의 일류 대학교 교수진 가운데 30%가 유대인이고, 특히 프린스턴의 경우는 총장 및 주요 행정 책임자의 90%가, 하버드나 UCLA의 의대나 법대는 교수 중 50%가 유대인이야.

그뿐 아니라 미국 월스트리트도 유대인이 장악했고 세계 5대 메이저 식량회사 중 3개, 7대 메이저 석유회사 중 6개가 유대인 소유야. 미국에 있는 대부분의 유력 언론사들도 유대인에 의해서 움직여지고 있어. 미국 뉴욕 시의 금융산업 중심지인 맨하튼 땅의 90%, 미국 은행 현금의 97%를 유대인이 차지하고 있지.

그들은 또한 미국 경제뿐만 아니라 세계 경제를 주름잡고 있어. 미국 중앙 은행에 해당하는 전 FRB(연방준비제도이사회)의 앨런 그린스펀 의장, 세계 최대 규모의 금융지주회사 시티 그룹의 샌 포드 웨일 회장, 세계 펀드업계의 대부로 통하는 조지 소로스 등이 다 유대인들이야.

게다가 헐리우드의 7대 메이저 영화사 중에서 파라마운트, 20세기 폭스, 워너브라더스, 콜롬비아, 유니버셜, MGM 등이 모두 유대인에 의해서 설립된 거지.

우리가 잘 알고 있듯이 위대한 헬라문화를 꽃피운 헬라인들과 역사상 가장 강력한 국가를 건설했던 로마도 1,000년 이상의 영광을 누리지 못했어.

화려했던 헬라여!

제국도 영원하지 못하구나!

하지만 유대인들은 지금까지 수많은 박해와 끔찍한 학살과 유배를 당하면서도 5,000년에 걸쳐 창조적인 역사를 이어 왔지. 과연 그 비결은 무엇일까? 그것은 그들이 자녀들을 하나님의 말씀으로 양육해 왔기 때문이야. 유대인들은 어릴 때부터 어머니를 통해 철저하게 '토라'(모세오경)를 암기해.

그래서 유대인 랍비들은 지금도 6명 정도만 모이면 각자가 암기한 것을 모아 구약성경을 완전히 적을 수 있다고 하지. 이것이 하나님 말씀의 능력이야.

유대인들은 하나님의 말씀을 가까이 해왔기 때문에 하나님은 약속하신 대로 그들을 세계 최고의 민족으로 우뚝 세워 주신 거야.

예수 그리스도의 복음을 받아들이지 않는 유대인들은 구약만 가지고도 이렇게 위대한 나라를 건설할 수 있었어. 그렇다면 우리의 자녀들을 예수 그리스도를 믿는 신앙 안에서 제대로 키우기만 한다면 우리 민족은 그들보다도 더 위대한 민족이 될 수 있지 않을까?

::Part 3::

인간은 스스로를 구원할 수 있을까?

나는 의인, 위인, 성자의
세 단어를 믿지 않는다.
이 땅에는 오직 한 가지 종류의
사람들만이 존재한다.
그들은 죄인이다.

파스칼

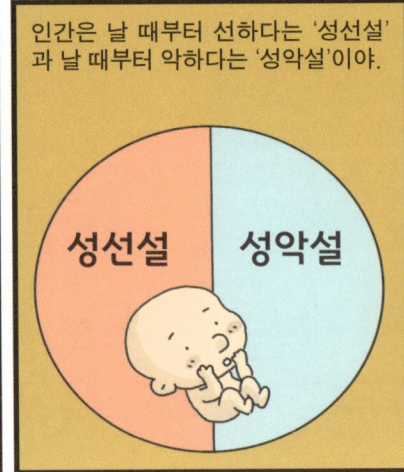

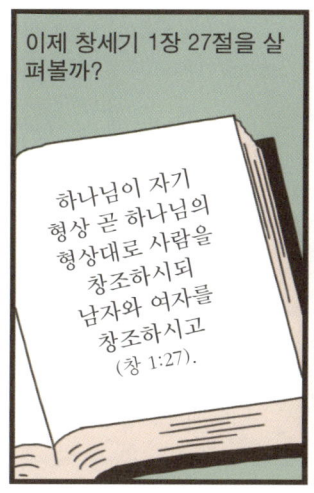

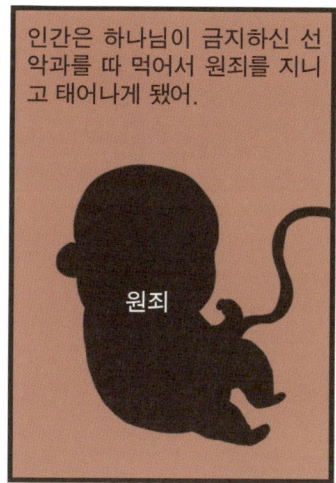

인간은 하나님이 금지하신 선악과를 따 먹어서 원죄를 지니고 태어나게 됐어.

그 어떤 사람도 이 원죄에서 자유롭지 않아.

우리가 알고 있는 살인, 강도, 폭력, 간음 등의 모든 죄는 사실상 모두 원죄라는 뿌리에서 나온 열매야.

우리가 겪고 있는 모든 인간의 불행과 고통은 모두 이 원죄에서 시작되었고, 결국 유한한 인간이 무한하신 하나님으로부터 떨어져 나와서 그렇게 된 거야.

선악과를 따 먹기 전까지는 아담과 하와의 삶의 중심은 하나님이었어.

하나님의 피조물로서 그런 자세는 당연한 거야.

하지만 그들은 자기 자신의 삶의 주인이 되려고 선악과를 따 먹은 거지.

아기 사자는 어릴 때부터 주인집 자녀들과 같이 장난을 치며 온순하게 자랐어.

그런데 어느 비오는 날 밤, 장성한 그 사자는 주인이 없는 사이에 갑자기 야성이 발동해서 먹이를 주러 온 주인집 딸에게 덤벼들어 물었다는 거야.

자, 여기서 한 가지 질문을 던져 볼게.

이 사자는 사람을 무는 순간 비로소 사자가 된 것일까, 아니면 사자이기 때문에 사람에게 덤볐던 것일까?

이 사자는 사자이기 때문에 본능적으로 사람에게 덤벼든 거야.

인간도 이와 마찬가지야. 인간은 죄를 지었기 때문에 그때부터 죄인이 되는 게 아니라,

죄인으로 태어났기에 죄를 좋아하고 자연스럽게 죄를 짓게 되어 있는 거야.

그래서 성경의 가르침은 성선설과 성악설 중 성악설을 지지해.

로댕의 '생각하는 사람'이라는 조각 작품 알지? 이 작품은 그의 또 다른 작품 '지옥의 문' 가장 윗부분에 얹어 놓으려고 만든 건데 지옥문 앞에서 골똘히 생각하는 사람을 묘사한 거래.

자, 한 가지 짚고 넘어가야 할 사실이 있어. 지옥문 앞에서 생각하면 이미 때는 늦는다는 거야.

죽기 전에 인간은 자신의 운명에 대해 생각하고 자신을 구원할 수 있는 길을 찾아야 해.

여기서 생각해 봐야 할 게 있어. 과연 인간은 스스로를 구원할 수 있는가 하는 거야.

후덜덜~ ㅇㅇㅇㅇ~

인간은 이런 멸망의 운명을 감수하기를 원하지 않기 때문에 자신의 불완전한 노력으로 구원을 추구하지.

하지만 이것은 마치 도달 불가능한 다리를 놓으려는 것과 같아. 거룩하신 하나님과 죄악된 인간 사이의 간격은 너무나 커서 그 어떤 노력으로도 하나님께 나아갈 수 없기 때문이야.

여기에 인간의 문제가 있어.

part 3 인간은 스스로를 구원할 수 있을까? 79

탁월한 수영 솜씨로 한강을 거뜬하게 건너는 사람도 있지.

하지만 태평양 정도의 거리라면 이야기는 완전히 달라지지.

태평양을 스스로의 힘으로 헤엄쳐서 건널 수 있는 사람은 없어.

만약 끝까지 자신의 힘으로 헤엄쳐 건너려고 고집부리는 사람이 있다면

그 사람은 분명히 바다 한가운데서 익사하고 말 거야.

그저 우리는 스스로의 힘으로 건너가려는 고집을 버리고 여객선에 몸을 실으면 돼.
그러면 바닷물을 헤쳐 나가는 고통을 경험하지 않아도 되고,
상어나 추위, 배고픔의 두려움에서 완전히 해방될 수 있어.
여객선에 모든 것을 맡기고 편안히 목적지까지
무사히 도착하기만 하면 되지.

"인간은 여전히 구세주가 필요하다.
왜냐하면 우리가 비록 아무리
여러 가지 새로운 심리학적인 이름으로
그것을 지칭하더라도 죄는
여전히 죄이기 때문이다."
_F. M. 스워필드

이 사람은 누구일까?

자, 지금 내가 말하려고 하는 사람이
누구인지 한번 알아맞혀 봐.

이 사람은 술도 마시지 않았고,
담배도 피우지 않았어.
그림 그리기를 좋아해서 화가가 되고 싶어했고,
여자와 아이들과 함께 있는 걸 좋아했어.
또 역사, 철학, 예술 등 각 방면의 책을
즐겨 읽었고, 음악적 재능도 대단했지.
특별히 오페라를 무척 좋아해서
바그너의 작품인 '트리스탄과 이졸데'를
40번이나 보기도 했어.

또한 그는 군대에 있었을 때
길 잃은 강아지를 주워
지극 정성으로 돌보아 주었어.
그런데 누군가가 그의 강아지를 훔쳐가 버리자
며칠 동안 제정신이 아닐 정도로 슬퍼했어.
그만큼 정이 많은 사람이었지.

이 사람은 특별히 어머니를 사랑했어.
어머니에 대한 훌륭하고 아름다운 시를 써서
사람들에게 보여 줄 정도로 말이야.
어머니가 병으로 몸져 누워 있을 때도
2달 동안 병상을 지키며 어머니를 극진히 간호했지.
어머니가 돌아가시고 난 후에는
자신이 직접 그린 어머니의 초상화를
죽을 때까지 간직했다고 해.

자, 이 사람이 누구라고 생각해?
그의 이름을 들으면 아마 깜짝 놀랄 거야.
이 사람은 바로 역사 속에 가장 악한 사람으로
기록되어 있는 '아돌프 히틀러'야.
이것은 무엇을 말해 주는 걸까?
인간이 아무리 선하게 행동하더라도
그 속에 무서운 악의 요소가
존재하고 있다는 거야.

이와 비슷한 이야기가 또 하나 있어.
아우슈비츠 강제수용소의 생존자인
'예힐 디누어'라는 사람의 이야기야.
그는 유대인 대학살을 주동한 최악의 전범자 중
한 명인 아이히만의 만행을 증언하려고
1960년 전범 재판정에 서게 되었어.

그런데 재판정에 들어선 그는 아이히만을 똑바로 쳐다보더니 갑자기 외마디 비명을 지르며 마루에 쓰러진 채 울었다고 해. 왜 그랬던 걸까?

디누어는 그가 악마와 같이 끔찍한 사람일 것으로 예상했었거든. 하지만 자신의 예상과는 달리 아이히만은 주위에서 흔히 볼 수 있는 평범한 한 인간임을 깨달아서 엄청난 충격을 받게 된 거야.

디누어는 나중에 한 TV프로그램에 출연해서 다음과 같이 설명했지. "그 순간 저는 저 자신이 두려워지기 시작했습니다. 저도 그와 똑같이 그런 잔인한 짓을 충분히 저지를 수 있는 존재라는 사실을 깨달았기 때문입니다."

::Part 4::

지옥은 정말 있을까?

역사 전체를 볼 때 인간만이
죽음을 지각하는 유일한 피조물이다.
그러나 죽음을 준비하지 못한 사람은
마지막 순간까지도
자신의 죽음을 하나의 현실로
인정하려 하지 않는다.

모리스 롤링스

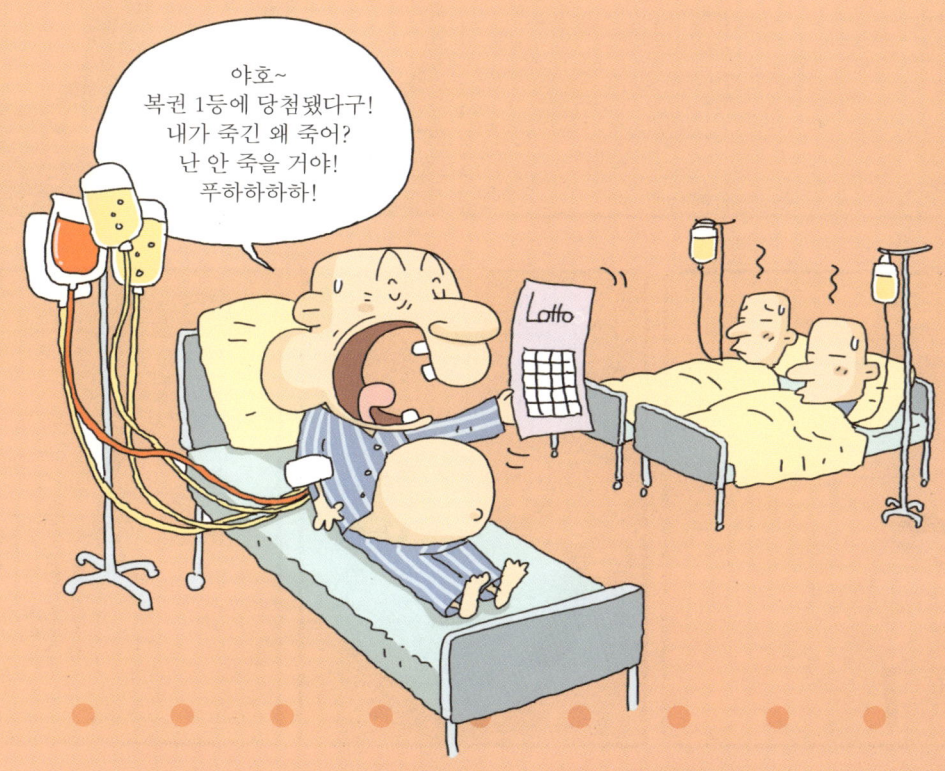

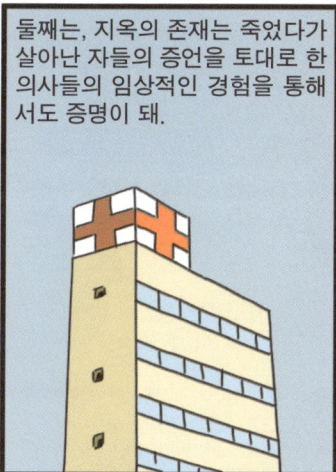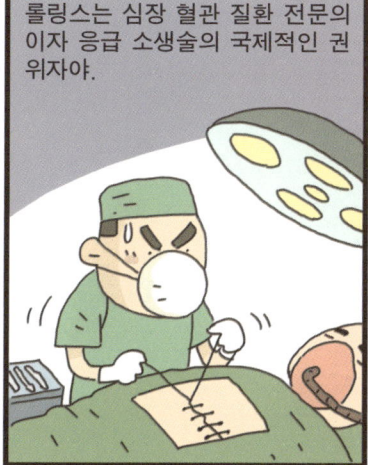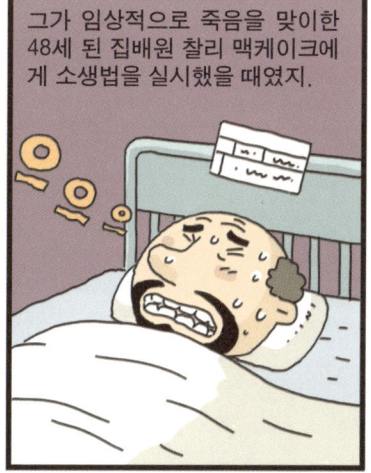

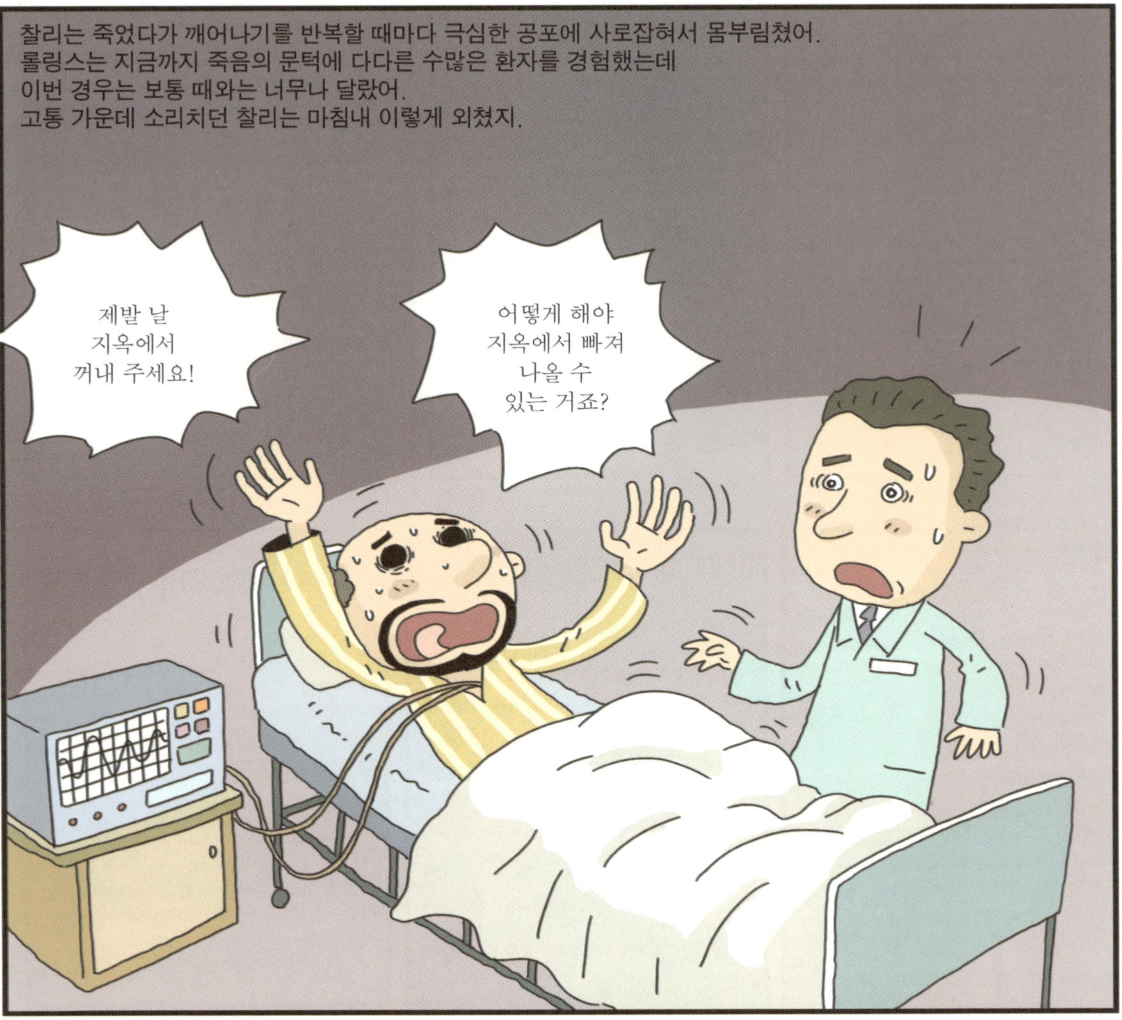

찰리는 죽었다가 깨어나기를 반복할 때마다 극심한 공포에 사로잡혀서 몸부림쳤어.
롤링스는 지금까지 죽음의 문턱에 다다른 수많은 환자를 경험했는데
이번 경우는 보통 때와는 너무나 달랐어.
고통 가운데 소리치던 찰리는 마침내 이렇게 외쳤지.

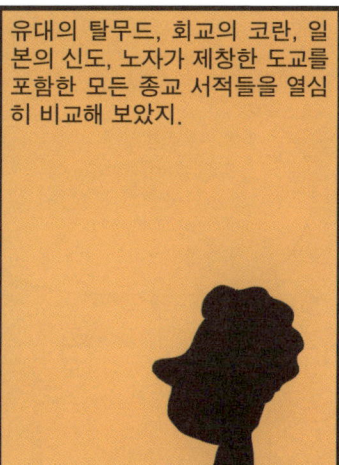

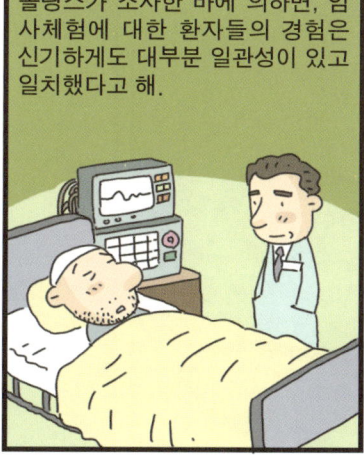

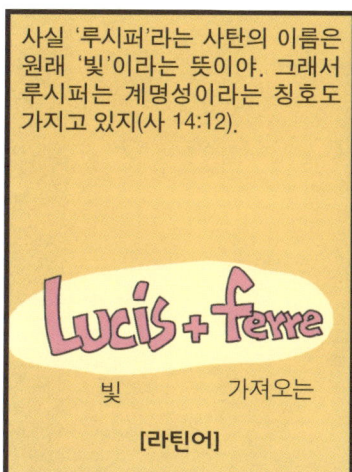

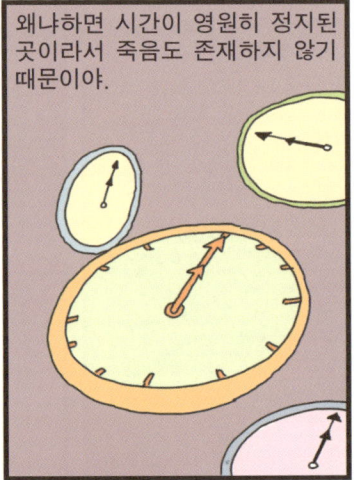

"지옥은 견딜 수 없는 고통이며 끝없는 단절과 분리와 외로움이다."

"이런 처절한 단절과 분리가 잠깐이 아니라, 영원하다는 사실을 깨닫게 될 때"

"누구든지 더 이상 소망이 없다는 절망감으로 그의 영혼은 압도당하게 된다."

지옥이 아무리 고통스러워도 100년만 고통받고 딱 끝난다고 하면 얼마나 좋을까?

1,000년이라도 끝이 있다면 좋겠지.

하지만 지옥의 고통은 천년만년 영원히 계속된다는 거야.

절대로 끝나지 않는 영원한 고통은 생각만 해도 정말 무시무시한 일이 아닐 수 없어!

우리는 싫든 좋든 앞으로 영원히 산다는 걸 기억해야 해.

그리고 어느 장소에서 영원을 보낼 것인가 하는 것은 각자의 선택에 달려 있는 거지.

지옥에서 영원히 사는 것은 우리에게는 아무 의미가 없고 하나님과 함께 누리는 영생이 진짜 영생이야.

하나님 없는 영생은 축복이 아니라 오히려 저주이다!

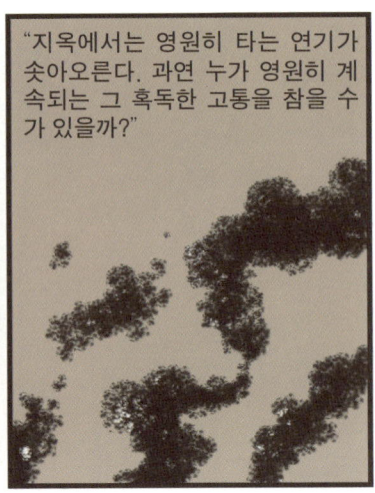

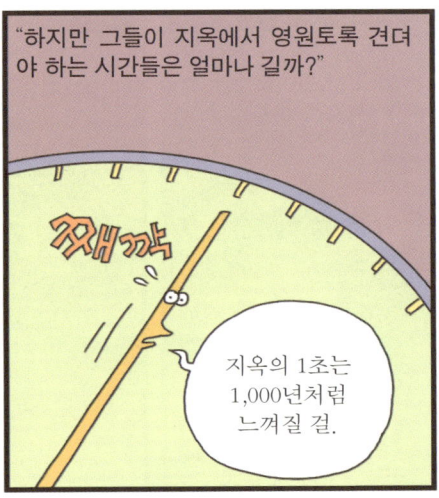

| 죽음은 인간 존재의 완성이야. | 토기장이가 토기를 불에 굽고 나면 그 형태를 변경시킬 수 없듯이, 인간도 죽고 난 뒤에는 그 본질을 바꿀 수 없는 거야. | 그러니까 아직 죽지 않았을 때, 생명이 붙어 있을 때가 구원받을 수 있는 유일한 기회이지. |

이 기회를 절대로 놓치지 말기를 바래.

"불신자들에 대한 하나님의 은혜의 기간은 죽음으로 끝이 난다."
_필립 헨리

노후 대책보다
더 중요한 사후 대책

오늘날 사람들의 평균 수명이 길어졌어.
그래서 사람들이 유난히 노후 대책에 신경을 많이 쓰지.
나이가 들어서도 건강하게 살려고
열심히 헬스 클럽에 다니거나 등산을 가기도 해.
혹은 몸에 좋다고 하는 보약이나 건강 식품을
찾아 먹는 사람들도 많이 있어.

그뿐 아니라 나이가 들어서 여유롭게 살려고
미리 은퇴 설계를 하고, 이를 위해 적금이나 보험,
주식에 일찍부터 투자하는 사람들도 많이 있지.
그런데 문제는 사람들이 노후 대책에는 열심을 내지만
노후 대책보다 훨씬 더 중요한 사후 대책에는
거의 관심이 없다는 거야.

사실상 우리가 노후에 좀 더 오래 건강하고
여유롭게 살아봤자 겨우 30-40년이야.
아무리 오래 산다 해도 120세를 넘기지 못하지.
그런데 우리가 죽고 난 뒤의 삶은 영원해.
성경에 따르면 하나님 없이 예수 그리스도를 모르고
죽으면 영원한 불심판이 기다리고 있어.
그럼에도 사람들은 사후 대책에는 거의 신경을 쓰지 않는데,
이것은 참 어리석은 행동이 아닐 수 없어.

성경에 보면 예수님이 부자와 나사로의 이야기를 하신 적이 있어.
부자는 날마다 넉넉하게 호의호식하며 잔치를 했고,
거지 나사로는 그의 집 앞에서
부자의 상에서 떨어지는 음식으로 배를 채웠어.
그 후 부자도 죽고 나사로도 죽었는데
부자는 음부의 고통의 장소로 갔고
거지 나사로는 아브라함의 품에 안겼지.

여기서 중요한 건 부자가 부자였기 때문에 고통의 장소에 간 것도,
나사로가 거지였기 때문에 아브라함의 품에 안긴 것도 아니라는 거야.
중요한 건 부자는 하나님을 인정하지 않고 자기 마음대로 살았고,
나사로는 비록 거지였지만 하나님을 믿었던 사람이었다는 사실이야.

부자는 자신의 인생이 죽음과 함께 끝난다고 생각했어.
그래서 마음껏 먹고 마시며 흥청망청 살았지.
하지만 부자는 인생이 제1막으로 끝나는 게 아니라,
죽고 난 뒤에 펼쳐질 제2막의 삶이 있다는 사실을 몰랐어.
사람이 죽고 나면 그것으로 끝나는 것이 아니라,
그 다음에는 하나님의 심판이 있고
영원한 천국이나 지옥이 기다리고 있는데 말이야.

인생의 유한성을 깨닫고 죽고 난 뒤에 펼쳐질
제2막의 삶을 미리 준비하는 사람이 지혜로운 사람이야.
그렇지 않으면 죽고 난 뒤에 크게 후회할 일이 생겨.

자, 노후 대책도 중요하지만
사후 대책이 더더욱 중요하다는 걸 명심하고
우리 모두 그날을 위해 준비하자.

::Part 5::

천국은 정말 있을까?

그리스도인에게 죽음은 천국의 동녘이 트기 전
마지막 어둠이다.

저자 미상

특별히 예수님의 천국에 관한 말씀 중에서 우리 가슴에 가장 와닿는 말은 요한복음 14장 1-3절의 말씀이야.

너희는 마음에 근심하지 말라. 하나님을 믿으니 또 나를 믿으라.

내 아버지 집에 거할 곳이 많도다. 그렇지 않으면 너희에게 일렀으리라.

내가 너희를 위하여 거처를 예비하러 가노니 가서 너희를 위하여 거처를 예비하면

내가 다시 와서 너희를 내게로 영접하여 나 있는 곳에 너희도 있게 하리라.

예수님은 이제 자신이 십자가에 못 박히고 사흘 후면 부활하여 하늘로 승천할 것을 아시고 제자들에게 약속의 말씀을 주셨어.

그것은 바로 예수님이 천국에 먼저 가시면 제자들을 위해 집을 준비해 놓으시고 그들을 그곳으로 데려가겠다고 하신 거지.

예수님은 평생 거짓말을 안 하고 사신 분이야. 그런 분이 있지도 않은 천국 집을 이야기해서 우리의 마음에 헛된 기대감을 불러일으켰을 리가 없어.

천국에 대한 마지막 세 번째 증거는, 천국을 체험한 사람들의 믿을 만한 증언이지.

노먼 빈센트 필 목사의 책에서 위대한 과학자 에디슨의 죽음에 관해 언급한 것을 읽은 적이 있어.

에디슨이 죽은 후 그의 부인은 에디슨이 죽기 전 날 밤의 이야기를 필 목사에게 해줬어.

임종 시 에디슨은 갑자기 무슨 말을 하고 싶어 하는 것 같아 보였지. 그래서 그의 부인과 의사는 허리를 굽혀 그에게 바짝 다가갔어.

에디슨은 얼굴에 미소를 지으며 이렇게 말했다고 해.

저 쪽은 너무나 아름답군.

에디슨은 하나님을 경외하는 사람이었어.

어떤 기자가 그를 이 세상에서 가장 위대한 발명가로 치켜세우자 에디슨은 손가락으로 하늘을 가리키며 이렇게 말했어.

진정으로 위대한 발명가는 저 위에 계시죠.

그런 그가 죽으면서 "저 쪽은 너무나 아름답군." 이라는 말을 남긴 거야.

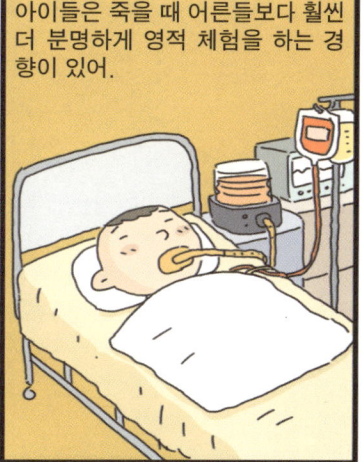

우리를 기다리고 계신 하나님 아버지의 다정한 얼굴을 보게 될 거야.	그리고 지금까지 맛보았던 그 어떤 기쁨과 감격으로도 설명할 수 없는 천국이라는 놀라운 세계를 경험하게 될 거야.	이것이 예수 그리스도 안에서 죽는 자들의 죽음이야. 그래서 성경은 "그의 경건한 자들의 죽음은 여호와께서 보시기에 귀중한 것이로다"(시 116:15)라고 얘기해.
많은 사람들이 인간의 삶을 '일생'이라고 표현하지. 한번?	하지만 엄밀히 말하면 인간의 삶은 일생이 아니고 '삼생'이라 할 수 있어.	엄마 뱃속에서 10달, 이 땅에서의 수십 년, 그리고 죽고 나서 영원히 사는 것, 이렇게 인간의 삶은 3번의 삶으로 나누어지지.
그렇다면 여기서 가장 중요한 것은 무엇일까?	물론 엄마 뱃속에서 10달도 중요해. 그래서 사람들은 태교에 많은 관심을 가지지.	하지만 그것보다 더 중요한 것은 태어나서의 삶이고, 그보다 더더욱 중요한 것은 죽고 난 후의 삶이야.

그래서 예수님이 있는 자에게는 영생이 있고, 예수님이 없는 자에게는 영생이 없다고 성경에서 얘기하는 거야.

그게 바로 성경이 시종일관 강조하고 있는 부분이야.

또 증거는 이것이니 하나님이 우리에게 영생을 주신 것과 이 생명이 그의 아들 안에 있는 그것이니라 (요일 5:11).

아들이 있는 자에게는 생명이 있고 하나님의 아들이 없는 자에게는 생명이 없느니라 (요일 5:12).

성경은 하나님의 아들이신 예수 그리스도 안에 영생이 있다고 얘기해.

우리가 예수님을 마음속에 받아들여야 하는 결정적인 이유가 바로 여기에 있어.

예수님을 마음속에 모시면 예수님 안에 있는 영생이 자연적으로 우리에게 들어와 우리 것이 되거든.

이것을 알고 예수 그리스도를 마음에 모시고 사는 사람은 죽고 난 뒤에 영원한 천국에서 하나님과 함께 사는 거야.

이 사실을 분명히 알고 믿기를 바래.

예수의 생명이 있는 사람과 없는 사람의 차이를 달걀로 비유해서 설명해 볼까?

달걀에도 두 종류가 있다는 거 알아?

바로 유정란과 무정란이야. 유정란은 암탉과 수탉이 같이 낳은 달걀이고, 무정란은 암탉이 혼자 낳은 달걀이지.

겉으로는 똑같아 보이지만 어미 닭이 알을 품으면 결과는 판이하게 달라져.

유정란은 21일이 되면 병아리가 되어 나오지만, 무정란은 어미 닭이 품고 있으면 썩어 버려.

아오- 무슨 냄새야?

어떻게 하면 무정란과 유정란을 구별할 수 있을까?

똑같아 보이는데….

양계장을 하시는 분의 설명을 들어 보면 이래.

둘은 겉보기에는 차이가 없어요.

그런데 밝은 빛에 비춰 보면 구별된답니다.

유정란은 무정란과는 달리 그 속에 빨간 씨 같은 게 보여요.

이게 두 달걀의 차이점이죠.

사람도 마찬가지야. 겉으로만 봐서는 눈 2개, 코 1개, 귀 2개를 가져서 모든 사람들이 다 비슷해 보이지.

Part 5 천국은 정말 있을까? 133

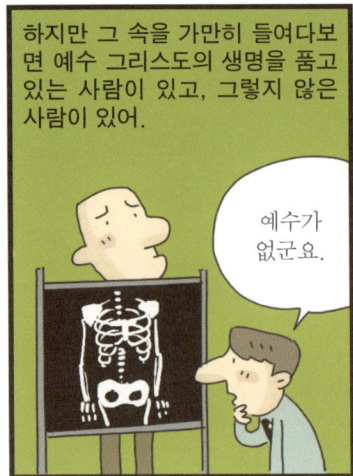

죽음을 이렇게 생각해 보면 어떨까?

우리는 죽음을 파괴하기 위하여 오는 것으로 묘사한다.

그러나 죽음을 그리스도가 우리를 구원하기 위하여 오시는 것으로 묘사해 보면 어떨까?

우리는 죽음을 마지막으로 생각한다.

그러나 죽음을 삶으로, 그것도 풍성한 삶의 시작으로 생각해 보면 어떨까?

우리는 죽음을 잃어버리는 것으로 생각한다.

그러나 그것을 얻는 것으로 생각해 보면 어떨까?

우리는 죽음을 이별로 생각한다.

그러나 그것을 만남으로 생각해 보면 어떨까?

우리는 죽음을 멀리 가는 것으로 생각한다.

그러나 그것을 도착하는 것으로 생각해 보면 어떨까?

죽음의 목소리가 우리에게 "너는 이제 이 땅을 떠나야 한다."라고

속삭인다고 생각하는 대신에

주님이 "너는 이제 내게 오는 것이다."라고

말씀하시는 것이라고 생각해 보면 어떨까?

_노먼 매클라우드

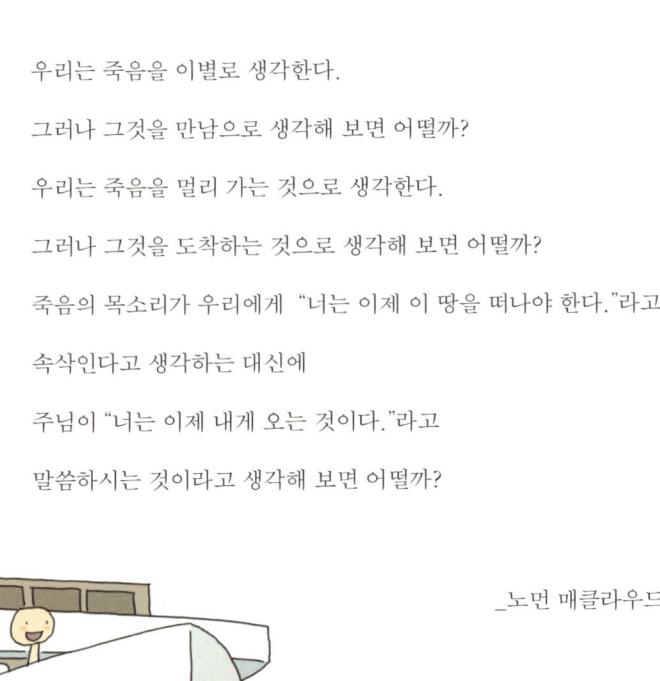

::Part 6::

예수 그리스도는 진정 구세주일까?

예수님은 나무 막대기 두 개와 못 세 개로
하나님께로 가는 다리를 만드셨다.

저자 미상

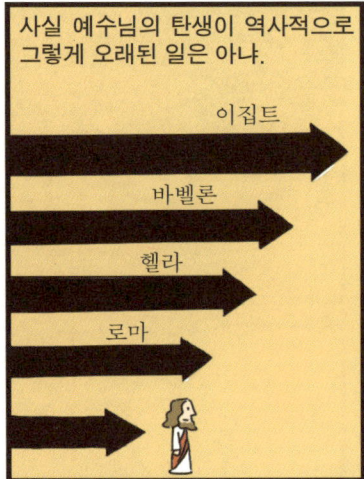

성경에서 예수님의 죽음에 관해 묘사한 장면과 너무 흡사하지.

시리아의 철학자 마라 바 세라피온은 1세기에 남긴 서신에서 예수 그리스도를 죽여서 유대인들이 얻은 유익이 무엇이냐고 반문하고 있어.

유대인의 왕이었던 그분을 죽임으로 예루살렘이 멸망하고, 백성들이 뿔뿔이 흩어진 것 외에 무슨 도움이 되었느냐고 주장했지.

예수 그리스도의 죽음에 대한 유대 역사가의 기록도 있어. 플라비우스 요세푸스는 가장 명성 높은 유대인 역사가야.

예수 그리스도 사망 직후인 A.D. 37년에 태어난 그는 유대인의 역사와 전쟁에 대해 기록했어.

그는 『유대 고대사』 18권 3장 3항에서 예수 그리스도가 실제 존재한 인물이라는 기록을 남기고 있지.

존 스튜어트 밀은 이런 말을 했어.

복음서에 나와 있는 예수는 비역사적이라고 말해 봐야 아무 소용이 없습니다.

그의 제자들이나 개종자들 중에 누가 예수가 행한 것으로 되어 있는 그 말씀들을 만들어 낼 능력이 있겠으며,

예수님의 제자들

복음서에 나와 있는 그의 삶과 성품을 누가 상상해 낼 능력이 있겠습니까?

142 만화로 보는 기독교

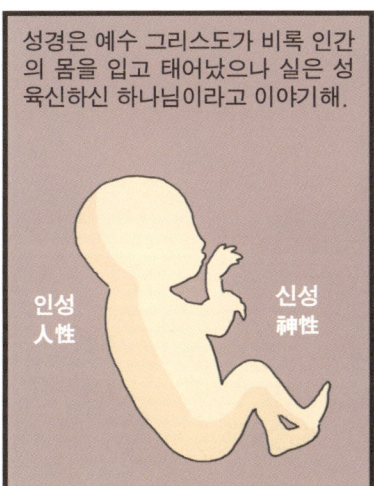

또한 예수님의 탄생과 일생은 철저히 성경의 예언을 그대로 이루는 것이었어.
구약성경에 나오는 메시아에 관한 300개가 넘는 예언이 그분의 삶을 통하여 이루셨지.
그 중 29개의 중요한 예언들은 그분이 돌아가시던 날 하루만에 이루어졌어.

이것은 예수님이 성경의 예언대로 오신 메시아라는 사실을 강력히 증거해 주는 거야.

오~ 메시아!

그분의 인격은 독특했어. 지금도 기독교를 싫어하는 사람은 많아도 예수님을 싫어하는 사람은 거의 없어.

예수에 대해서는 불만이 없어.

그분의 가르침은 단순하면서도 깊이가 있었고, 그 가르침에는 보통 사람에게서는 찾아볼 수 없는 권위가 있었어.

그리고 예수님을 순수하게 대면한 사람은 그분의 인격에 모두 강력한 영향을 받았지.

예수님은 거친 어부 베드로를 "나를 따르라."라는 한마디로 평생 그를 쫓게 만드셨고,

follow me.

피도 눈물도 없었던 세리 삭개오를 "삭개오야, 내려오라."라고 부르는 한마디로 완전히 인생이 변하게 만드셨지.

삭개오야!

예수님은 지금도 똑같이 역사하고 계셔. 그리고 그분과 인격적으로 깊이 만난 사람은 하나같이 다 변화되었어.

일반적으로 종교는 씻고 닦기 위해 생긴 거라 사람은 하나님께 나아갈수록 죄의식이 강해지고 참회가 깊어지는 것이 정상이야.

하지만 예수님은 죄의식에서 완전히 자유로우셨어. 성경은 그분이 시험을 받은 적은 있지만 죄를 범한 적은 없다고 했지.

나를 경배해 봐. 천하 만국의 권세와 영광을 다 줄게.

예수님이 하신 말씀을 가만히 살펴보면 한 번도 자신의 말을 취소, 수정, 후회, 가감, 사과하거나 회의 등의 태도를 취하신 일이 없어. 그분은 신적 권위를 갖고 하나님처럼 말씀하시고 행하셨지.

다음은 예수님이 하신 말씀이야.

"나는 세상의 빛이니" (요 8:12).

"수고하고 무거운 짐 진 자들아 다 내게로 오라" (마 11:28).

"내 이름으로 무엇을 구하든지 내가 행하리니" (요 14:13).

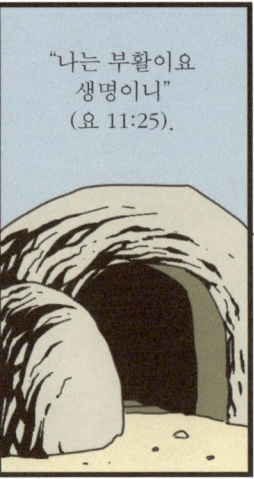

그런데 예수님은 진리를 깨달은 정도가 아니라 아예 자신이 진리 자체라고 하셨어.

마지막으로 '생명'에 대해 생각해 보자. 생명은 과학자의 입장에서 사물의 근원을 찾는 거야.

아무리 유전공학이 발달했다 해도 실험실에서는 조그마한 풀 한 포기조차 만들어 내지 못해.

왜냐하면 생명은 오직 하나님께 달려 있기 때문이지.

예수님은 자신이 생명이라고 이야기하시는데, 이 말씀은 모든 생명의 근원이 예수 그리스도 안에 있다는 것을 의미해.

성경을 보면, 예수 그리스도를 통해 모든 만물이 지어졌음을 알 수 있지.

그러고 보면 자신이 길, 진리, 생명이라고 하시는 예수님의 말씀은 정말 놀라운 것 같아.

또한 예수님의 삶은 기적으로 가득 차 있어.

예수님은 보리떡 5개와 물고기 2마리로 5천 명을 먹이기도 하셨고,

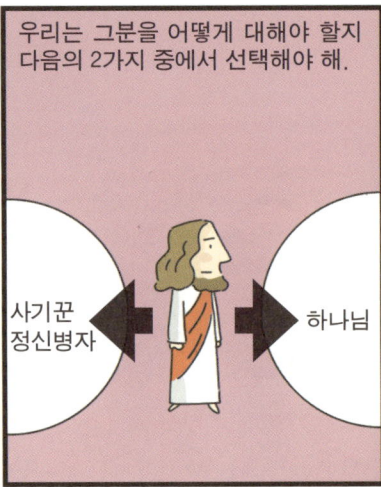

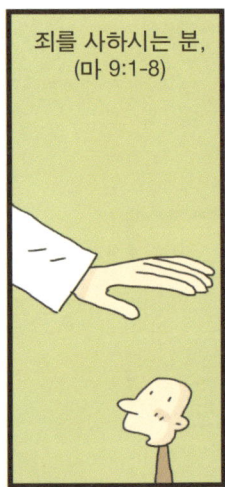

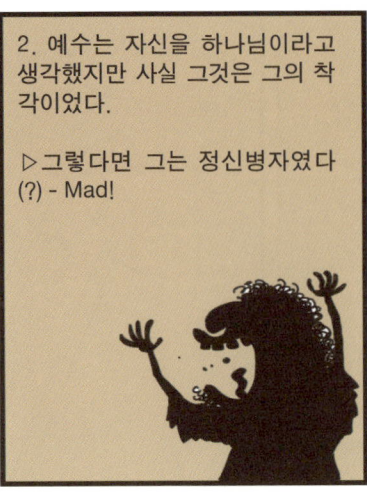

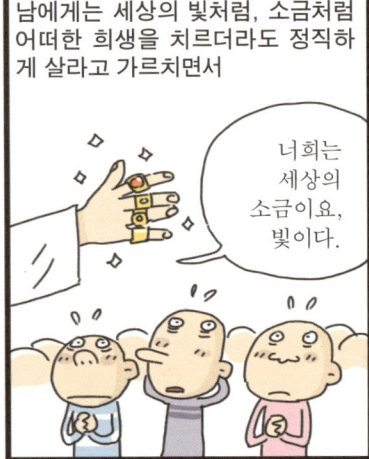

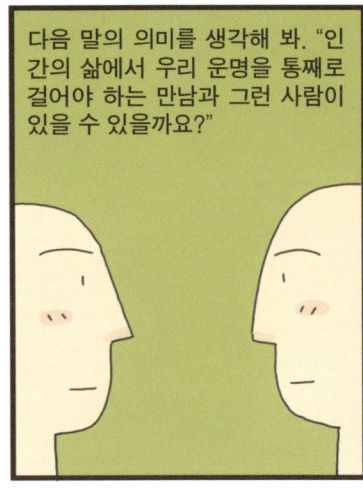

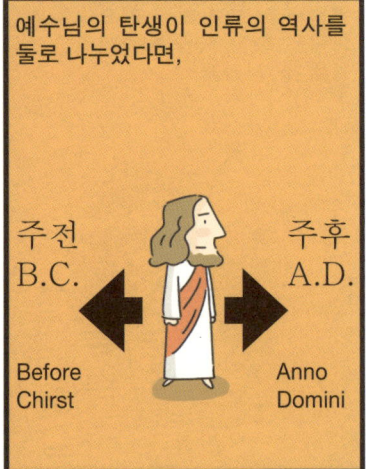

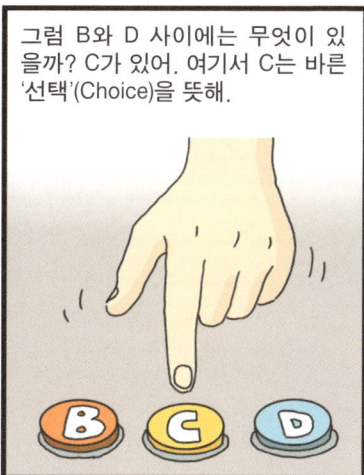

놓칠 수 없는 기회

몇 년 전 신문에서 아주 흥미로운
기사를 읽은 적이 있어.
미국의 인기 토크쇼 진행자인 오프라 윈프리가
방청객 276명 모두에게 새 차를 선물한
깜짝쇼를 벌였다는 기사였어.

오프라 윈프리 쇼는 미국에서만 3,000만 명이 시청하고,
전 세계 109개 국에서 방영되고 있는 인기 프로그램이야.
윈프리가 자신의 쇼가 시즌 19회를 맞게 된 걸
자축하며 치른 이날 쇼의 주제는
"아무리 터무니 없는 꿈이라도 이루어진다!"
(Your Wildest Dreams Have Come True!)였어.

윈프리는 이 쇼에서 방청객 276명 중 11명을
무대 위로 불러내서 제너럴 모터스의 최신형
스포츠 세단의 열쇠 하나씩을 나누어 줬지.
이 차는 가격이 한 대당 2만 8천 달러
(약 3천 3백만 원)에 해당하는 고급 차야.

그리고 윈프리는 나머지 방청객들에게
선물 상자를 하나씩 나눠 주며 상자 중 하나에
12번째 자동차의 열쇠가 있다고 말했어.
이 말을 들은 방청객들이 긴장하며
상자를 열었을 때 오프라 윈프리는 외쳤어.
"모든 사람이 차를 가지게 됐어요!"
(Everybody gets the car!)
놀랍게도 자동차 열쇠가 모든 상자에
들어 있었던 거야.

오프라 윈프리는 시청자들에게
'사랑하는 이들이 새 차를 받아야 하는 이유'를
적어 보내도록 한 뒤 그 중 276명을 선정해
이날 방청객으로 초청했어.
자동차 276대의 가격을 합치면
우리나라 돈으로 무려 92억원에 해당하는 액수야.

이 정도의 금액이면 저녁 황금 시간대에
50번 정도 광고할 수 있는 비용이었어.
하지만 이 자동차 회사는 그냥 광고하는 것보다
오프라 윈프리 쇼에 등장시키는 게
훨씬 광고 효과가 크다고 생각했어.
그래서 어려운 사람들에게 기쁨을 주고 싶다는
윈프리의 뜻을 받아들여 깜짝쇼에
적극 협찬을 해준 거야.

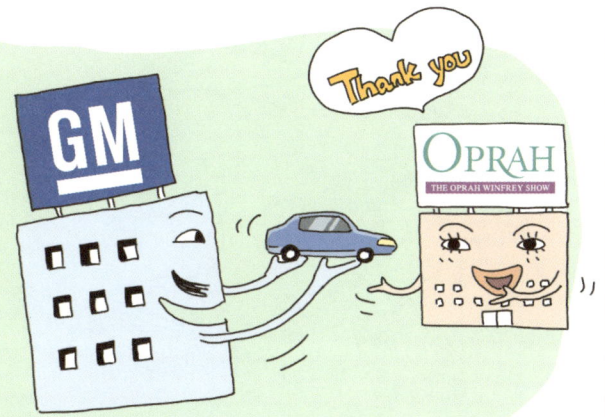

제너럴 모터스의 관계자는
선물받은 모든 사람에게 풀 옵션의 차량은 물론,
각종 차량 세금까지 지급해 줄 거라고 밝혔어.
이 기사를 보면서
한 가지 재미있는 생각을 해봤어.

만일 그날 그 쇼에 초청받은 사람이 있었는데,
사정이 있어서 그 자리에 나가지 못했다면.
나중에 이 깜짝쇼의 이야기를 듣고 난 뒤
그 사람의 기분은 어땠을까?
아마 땅을 치고 후회를 했을 거야.

하나님은 우리에게 3천만 원짜리 자동차와 비교할 수 없는 너무나 귀한 구원을 선물로 주시고자 한다고 성경에 기록되어 있어(엡 2:8). 이 선물의 가치는 너무 귀해서 값으로 따질 수가 없지. 그런데도 그 귀한 선물을 거절한다면 나중에 얼마나 후회하게 될까?

자, 그 구원의 가치를 이해하고
하나님이 값 없이 주시는 그 선물을
감사히 받아들이기를 바래.

::Part 7::

예수 그리스도의 부활은 사실일까?

예수의 부활이 없다면 이 세상에는
다른 희망이 전혀 없다.

콘라드 아데나워

또 초대교회 교인들은 대부분 유대인들이었는데 유일신 사상을 생명처럼 귀중하게 여겼지.

오직 하나님은 한 분이다.

그런 그들이 어떻게 예수 그리스도를 하나님으로 받아들이게 되었을까?

그리고 안식일이 토요일에서 주일로 바뀌게 된 것은 어떻게 설명할 수 있을까?

제4계명 안식일을 거룩하게 지킬지니라.

안식일 → 주일

유일신 사상으로 철저히 무장되어 있는 유대인들이 예수님과 성령님을 같은 하나님으로 받아들이는 삼위일체적인 신앙을 가지게 된 것은 그들로서는 엄청난 사고의 전환을 요구하는 거지. 이것은 그들이 주님의 부활 사건을 친히 목격하고 예수님을 하나님으로 믿고 받아들였기 때문이야.

또한 안식일 준수를 생명처럼 여기던 그들이 토요일이었던 안식일을 일요일로 옮긴 것도 부활의 사건이 진실임을 믿어서 예수님이 부활하신 일요일을 주일로 지키기 시작했기 때문이야.

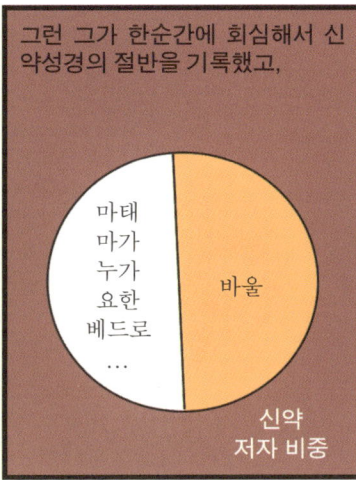

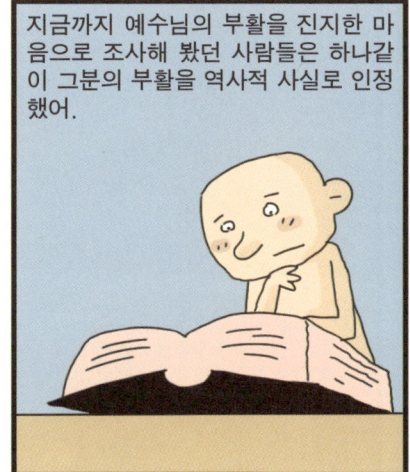

"예수 그리스도의 부활은 그 증거를 조사하면 할수록 반박의 여지 없이 그것이 사실임을 믿게 만든다."

영국 역사상 가장 법률에 정통한 인물 중 한 사람인 린드 허스크 경은 또 어떻고?

린드 허스크 경은 영국의 대법관직을 3번 역임했고, 캠브리지 대학의 고위 간사이기도 했어.

부활에 관한 그의 평결은 이렇지.

나는 증거란 무엇인지 잘 알고 있습니다. 그리고 분명히 말하지만 부활에 관한 증거 같은 증거는 절대로 무효화된 적이 없습니다.

예수님의 부활의 진실성은 너무나 분명해서 역사상 그 어느 누구도 부정하지 못했어.

진실된 마음으로 예수님의 부활을 조사하고 연구했던 사람은 누구나 그분의 부활이 진실이라는 사실을 인정할 수밖에 없었지.

사법적 증거에 관한 한 19세기 최고의 전문가였던 하버드 법학대학교의 사이먼 그린리프 교수라는 사람이 있었어.

런던 『타임』지는 전 유럽의 법학자들을 합친 것보다도 그린리프 한 사람이 사법 체계의 확립에 끼친 영향이 더 크다고 평가했지.

그런 그가 하버드 대학교 강의실에서 학생들에게 불가침의 원칙으로 삼았던 것이 한 가지 있어.

우리의 죄를 대신 지시기 위해 죽으셨다는 사실을 믿게 됐어.

성경에 보면 예수님이 가신 곳에서는 장례식이 제대로 진행된 적이 없었어.

청년아, 일어나라.

왜냐하면 그분 자신이 생명의 근원이시기 때문이야.

무디가 이에 대해 깊은 깨달음을 얻은 적이 있어. 한번은 무디가 누군가로부터 장례식 설교를 부탁받았지.

설교에 자신이 없었던 무디는 예수님이 장례식 때 어떤 설교를 하셨는지 참고하려고 성경을 봤어.

그런데 열심히 성경 말씀을 찾던 무디는 깜짝 놀랐어.

예수님은 장례식장에서 설교를 하신 적이 없구나!

놀랍게도 예수님은 가시는 곳마다 장례식장을 뒤집어 잔칫집을 만드셨지.

부활이요 생명이신 예수님이 찾아가시니까 죽은 자들이 살아나고 절망적이던 장례식장이 소망과 기쁨의 장소로 바뀌었던 거야.

성경에 보면 예수님이 죽은 사람을 살려내는 장면이 3번 나와.

3번

먼저 회당장 야이로의 딸이 죽어 있었는데, 예수님은 그 집에 직접 가셔서 그 소녀를 살리셨지.

그 다음으로는 나인성 과부의 아들이 죽어서 장례식을 치르고 있었는데, 길거리에서 그 청년의 장례 행렬을 세우고 그를 살리셨어.

그리고 마지막으로는 죽은 지 4일이나 되어 썩어 가고 있는 나사로를 살려내신 사건이야.

이 3번의 사건은 저마다의 특징이 있어.

야이로의 딸
과부의 아들
나사로

한 번은 사람이 죽은 현장에서, 또 한 번은 장례식장에서, 마지막으로는 장례식이 다 끝난 상태에 있는 시신을 살려내셨지.

왜 성경에는 예수님이 사람을 살리는 장면이 3번이나 등장하는 것일까?

야이로의 딸
과부의 아들
나사로

예수님이 죽음에 대해서 완전한 권위가 있다는 걸 보여 주기 위해서야.

주님은 어떤 상황에서도 죽음의 실체를 두려워하지 않고 정면으로 맞서서 그것을 정복하셨어.
이것은 예수님이 죄와 죽음을 정복할 수 있는 하나님임을 증명하는 거야.

죽음
죄

예수님의 부활은 죽음이 정복된 걸 보여 줘.

역사상 죽음이라는 감옥을 탈출해서 나온 사람은 단 한 명도 없었어.

하지만 예수님은 죽음을 정복하고 무덤에서 당당히 살아 나오신 거야.

예수님은 죽은 나사로의 무덤 앞에서 이렇게 말씀하셨어.

나는 부활이요 생명이니
나를 믿는 자는 죽어도 살겠고
무릇 살아서 나를 믿는 자는
영원히 죽지 아니하리니
(요 11:25-26).

원래 인간은 죽지 않는 존재로 창조됐었어. 그런데 인간이 하나님의 명령을 어겼을 때부터 죽음이 찾아온 거야.

결국 죽음은 하나님의 명령을 거역한 것에 대한 저주의 결과야. 그래서 죽음을 피해 간 사람은 지금껏 단 한 명도 없었어.

진시황제도, 나폴레옹도, 그 어떤 위대한 왕이나 대통령도 이 죽음의 문제를 피해 갈 수 없었지.

part 7 예수 그리스도의 부활은 사실일까? 179

"모든 인간의 본성 속에는 죽음에 대한 공포가 공통적으로 잠재되어 있다. 그러나 신앙은 그 공포를 제거해 버린다."

_바바소 포웰

그 환한 부활의 새벽

가수 '윤복희'라고 알아?
그녀는 독실한 기독교인이자
국내 최정상의 뮤지컬 가수야.
어느 날 그녀가 '피터팬' 공연을 할 때였어.
갑자기 무대 위에 3층 높이로 쌓아 놓은
세트 배가 무너진 거야. 그래서 그녀는 그 배에서
뛰어내리다가 큰 부상을 당하고 말았어.

나중에 엑스레이로 진단해 본 결과
목 척추 3개를 다쳤다는 게 발견됐어.
그 중 6번 척추가 안쪽으로 쑥 들어가
오른쪽 신경을 꽉 누르고 있는
심각한 상태임을 알게 되었지.

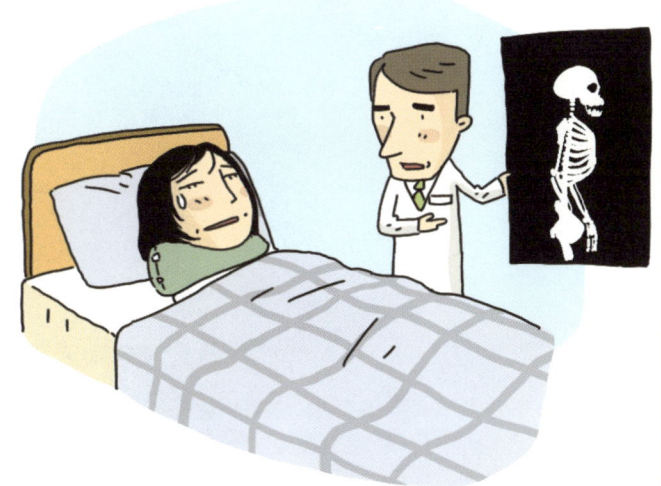

의사는 그녀의 몸이 너무나 망가져서
이제 전신마비가 올 거라고 했어.
척추 뼈가 신경 조직을 누르고 있는
상태에서 수술을 하게 되면,
신경이 견딜 수 없어서 수술도
할 수 없는 상태라고 얘기했지.
이 상태로 수술을 하면
죽든지, 전신마비가 되든지
2가지 길밖에 없다는 게
의사의 진단이었어.

그리고 얼마 후 부활절이 다가왔어.
그녀는 고통과 절망감에 사로잡혀
하나님께 간절히 기도드렸어.
그 기도는 지금 자신을
데려가 달라고 하는
절규에 가까운 기도였지.
그런데 그 기도 가운데
그녀는 놀라운
기적을 체험했어.

"제 기도는 절규에 가까웠습니다.
저는 통곡했습니다. 울부짖었습니다.
그런데 갑자기 눈이 딱 떠지고
앞이 환했습니다.
기도를 하다가 너무 아파서 기절을 한 채
까무라쳐 있었던 것입니다.
아직도 캄캄한 새벽이었는데
대낮보다 더 환한 빛을 경험했습니다."

"저는 목이 너무나 탔습니다.
그래서 일어나 식탁 위에 있는 주전자를 들어
컵에다 물을 따랐습니다.
그런데 갑자기 온몸에 짜릿짜릿한
강한 전기가 일었습니다.
견딜 수 없이 뜨거웠습니다."

"그 순간 오른쪽이 간지러워지고
온몸이 가벼워지더니
얼음 같았던 몸이 따뜻한 열을 받아
신경이 막 살아나는 걸 느꼈습니다.
수년 동안 그렇게 고통 속에 괴로워하던
제 몸짓은 어디론가 사라지고
아무렇지도 않게 일어나
식탁을 향해 걸어간 것입니다."

"저는 베란다로 나가서 응접실로 막 뛰어 봤습니다.
그리고 크게 외쳤습니다.
'주님! 주님!'
그 환희는 이루 말할 수 없었습니다.
그날은 부활주일이었습니다.
그 후로 저는 무대에만 서면 뛰면서 노래했고
기도하면서 연기와 안무까지 하게 되었으니
정말 놀라운 일이 아닙니까?"

_ 『낮은 울타리』(1999년 4월호)에서 발췌

::Part 8::

예수 그리스도는 유일한 구원자일까?

십자가는 하늘을 가리키는
하나님의 나침반이다.

저자 미상

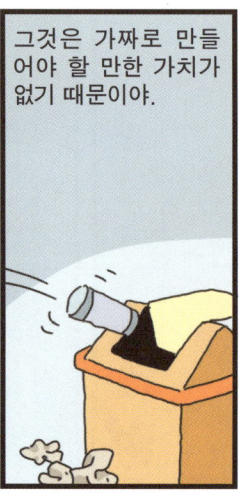

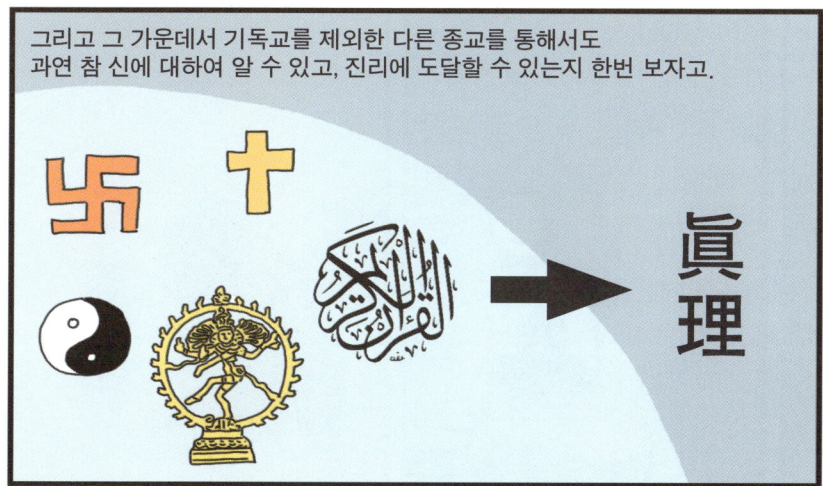

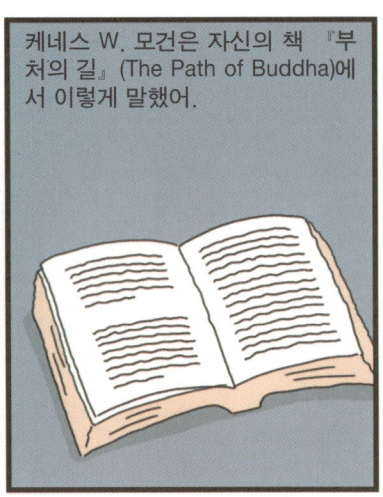

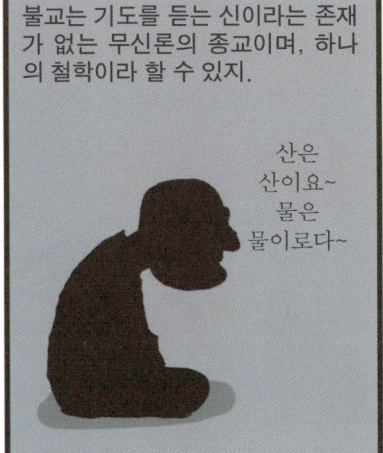

그렇다면 불교에서 말하는 신적 존재자 '아미타불'과 영원한 세계인 '정토'라는 개념은 무엇일까?
이건 모두 대승불교에서 나온 개념이야.
소승불교는 원시불교인데 부처가 주장한 내용이 중심이 되는 것이고,
대승불교는 그 이후 부처의 사상에 만족하지 못한 사람들이
영원한 부처 사상을 집어넣어 만든 개념이지.
불상은 부처가 죽고 난 뒤 600년이나 지나서 사람들이 마음의 위안을 얻기 위해 만든 거야.

부처는 세상과 고통, 삶, 죽음이 모두 공이며 실체가 없는 거라고 말했어.

'열반'이라고 번역된 산스크리트어(고대 인도어) '니르바나'도 '꺼져 버린 상태'를 의미해. 거센 바람에 꺼져 버린 불꽃처럼 곧 열반은 거센 바람에 생명의 불꽃이 사라져 없어지는 것과 같은 거야.

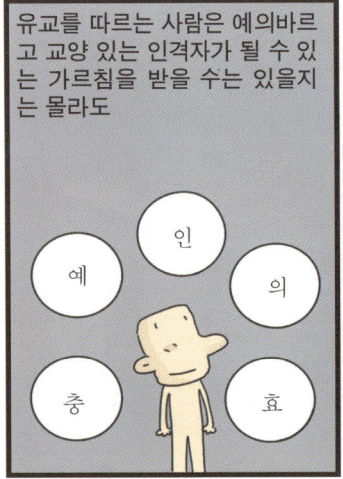

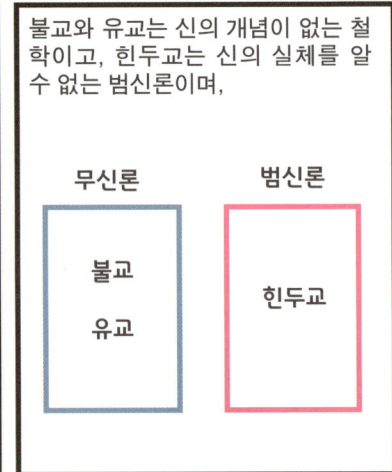

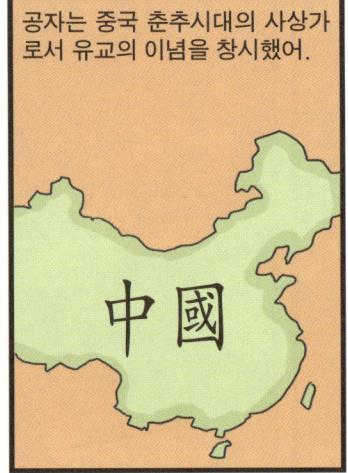

하지만 죽음의 문제에 대해서는 어떠한 해결책도 제시하지 못했지.

공자는 3천 명의 제자 중 '안연'이라는 제자를 가장 아꼈어. 그를 그의 사상을 물려줄 후계자로 지목했지.

그런데 안연이 공자보다 먼저 죽은 거야. 그래서 공자는 수일 동안 탄식했다고 해.

하늘이 나를 망하게 하였도다!

사랑하는 제자의 죽음의 문제에 대해서는 어떻게 할 수 없는 공자의 한계가 드러난 거라 할 수 있어.

부처는 B.C. 563-483년까지 살았던 불교의 창시자야. 그는 호화로운 왕자의 몸으로 태어났어.

그런데 어느 날, 성 밖에서 늙고 병든 노인을 보고 인생에 대해 깊은 회의를 품게 된 거야.

그때부터 그는 왕궁을 떠나 도를 닦기 시작했지.

그러다가 보리수 나무 아래에서 도를 깨달았어. 그것은 인간의 모든 괴로움은 인간의 마음, 즉 인간의 욕심에서 나온다는 것이었지.

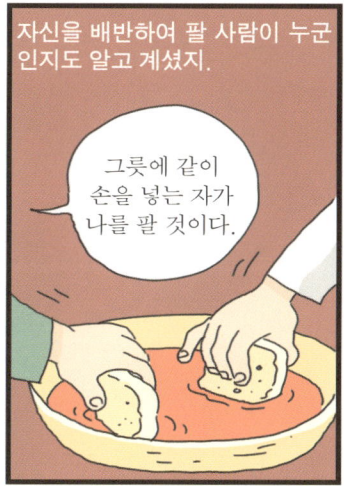

인간은 절대로 스스로 죽음의 문제를 해결하지 못하지만, 예수님은 하나님이었기에 죽음의 문제를 해결할 수 있었던 거야.

이건 그들이 사역을 하는 도중 죽음의 문제에 부딪혔을 때도 문제 해결 방식이 전혀 달랐던 이유이기도 해.

공자는 앞에서 얘기했던 것처럼 그가 가장 아끼는 수제자 안연이 죽었을 때

그저 "하늘이 나를 망하게 하였도다!"라고 망연자실하여 통곡만 했어.

이 사건은 공자 자신도 죽음의 문제에 대해서는 무력했다는 것을 보여 주는 거야.

부처도 마찬가지야. 부처는 어느 날 숲을 지나다가 한 과부를 만나게 되었지.

이 과부는 하나밖에 없는 외아들을 잃고 그를 살려 달라고 부처를 찾아온 거야.

이에 부처는 말했어.

"여자여, 죽음이란 우리 인간 누구에게나 있는 것이므로 너무 슬퍼하지 말라."

하지만 그 과부는 더욱 울면서 애원했지.

"제 아들을 제발 살려 주세요!"

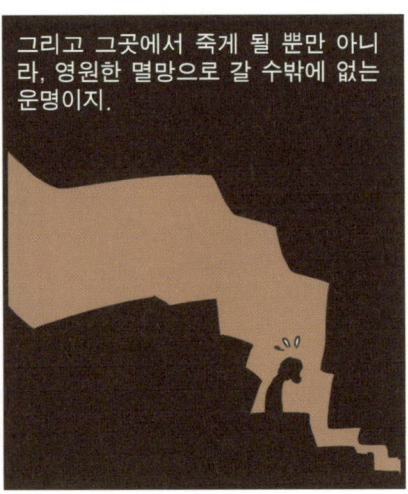

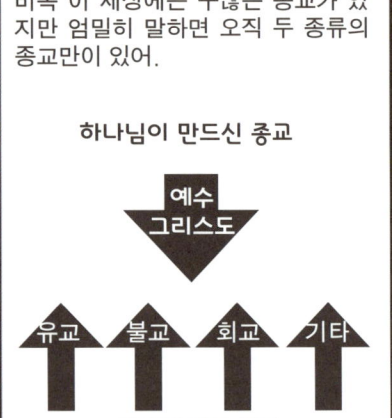

"만약 내가 거짓을 말한다면
내가 그것을 책임져야 한다.
그러나 진리를 말한다면
진리가 나를 책임질 것이다."
_토머스 풀러

맺는 말

머리에서 가슴으로

나는 하워드 카터라고 하는
영국의 고고학자에 관한 흥미로운 기사를 본 적이 있어.
그는 20세기 최고의 고고학적인 발견이라고 하는
이집트 투탕카멘 왕의 무덤을 발견한 사람이야.

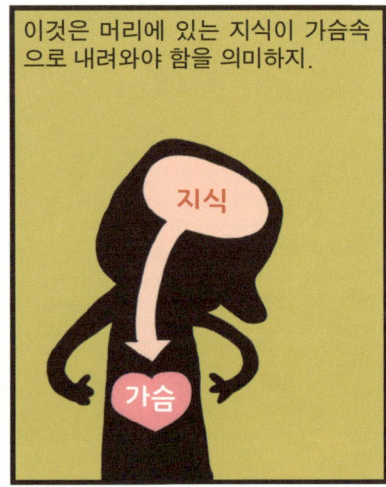

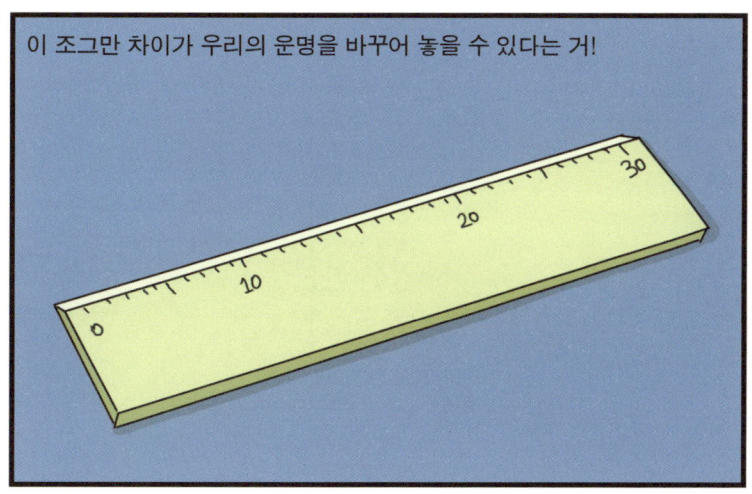

예수 그리스도를 머리로만 이해하지 말고
마음의 문을 열고 예수 그리스도를 구세주로 영접하기를 바래.
그렇게 되면 놀라운 영생의 축복을 누리게 될 거야!

"그리스도인이 될 것인가
말 것인가의 결정은
더 나은 사람이 될 것인가
아닌가의 선택이 아니라
생명과 죽음의 선택이다."
_데니

사명선언문

너희가 흠이 없고 순전하여……세상에서 그들 가운데 빛들로
나타내며 생명의 말씀을 밝혀 _ 빌 2:15-16

1. 생명을 담겠습니다
만드는 책에 주님 주신 생명을 담겠습니다.
그 책으로 복음을 선포하겠습니다.

2. 말씀을 밝히겠습니다
생명의 근본은 말씀입니다.
말씀을 밝혀 성도와 교회의 성장을 돕겠습니다.

3. 빛이 되겠습니다
시대와 영혼의 어두움을 밝혀 주님 앞으로 이끄는
빛이 되는 책을 만들겠습니다.

4. 순전히 행하겠습니다
책을 만들고 전하는 일과 경영하는 일에 부끄러움이 없는
정직함으로 행하겠습니다.

5. 끝까지 전파하겠습니다
모든 사람에게, 땅 끝까지, 주님 오시는 그날까지
복음을 전하는 사명을 다하겠습니다.

서점 안내

광화문점	서울시 종로구 새문안로 69 구세군회관 1층 02)737-2288 / 02)737-4623(F)
강남점	서울시 서초구 신반포로 177 반포쇼핑타운 3동 2층 02)595-1211 / 02)595-3549(F)
구로점	서울시 동작구 시흥대로 602, 3층 302호 02)858-8744 / 02)838-0653(F)
노원점	서울시 노원구 동일로 1366 삼봉빌딩 지하 1층 02)938-7979 / 02)3391-6169(F)
일산점	경기도 고양시 일산서구 중앙로 1391 레이크타운 지하 1층 031)916-8787 / 031)916-8788(F)
의정부점	경기도 의정부시 청사로47번길 12 성산타워 3층 031)845-0600 / 031)852-6930(F)
인터넷서점	www.lifebook.co.kr